Michael Heinen-Anders

Kindergedichte – und ein Weihnachtsmärchen

Texte für Kinder und deren Eltern

2. ergänzte Auflage 2011

Copyright ©2011 Michael Heinen-Anders

Herstellung und Verlag: Books on Demand GmbH, Norderstedt

ISBN **9783839172551**

Inhaltsverzeichnis

Vorwort

Geeignete Kindergedichte und Kinderreime sind für das Kind so wichtig, wie für den Fisch das Wasser. Für das kleinere Kind sind diese hier versammelten Texte zum Vorlesen gedacht, das Schulkind hingegen kann diese Texte nutzen, um sicher im Lesen unterschiedlich schwerer Lautfolgen zu werden.

Für Eltern sind diese Texte geeignet, um sich wiederum bewusst mit Sprache auseinandersetzen zu können, was dem Kind das lernende Nachahmen erleichtert.

Kindergedichte

DER FUCHS

Der Fuchs
er gilt als listig
Der Fuchs
er gilt als schlau

Im Falle eines Falles
bleibt der Fuchs
lieber
in seinem Bau.

DAS ANMUTIGE IM ANTLITZ DES LÖWEN

Die brüllende Mähne verbirgt
zahlreiche kleine Lachfältchen.

Schweißperlen tropfen glitzernd von
seinen staubbeladenen Nüstern.

Seine Pfoten spielen, fliegenjagend,
mit dem Wind.

Bald Tanzbär,
manchmal Luftikusse.

Zum Gähnen reißt er das Maul auf,
als wollte er die Sterne verschlingen.

Sattschwelgend überlässt er seine Beute,
den Honigkuchenmond, liebend gerne
den Schakalen

DAS LAUB

Das Laub
es färbt sich schon –
gülden die Sonne,
die es bescheint.

Das Laub fällt
nun schon bald.

Und die güldene Herbstessonne
scheint
traurig
doch mit Wonne.

DER NIKOLAUS BLIEB ALLEIN

Ein Löwe schlief
im Mondschein still:

Träumte von den Menschen
und von Städten.

Da kam vorbeigezogen ein Nikolaus,
der ging zu einem Wüstenhaus.

Plötzlich hat ihn der Löwe gesehn;
dacht', es wäre im Traume geschehn.

Der Löwe also schlief wieder ein
und der Nikolaus blieb allein.

EIN HÄSCHEN

Kinder, Kinder
kommt!

Kinder, Kinder,
seht!

Kinder,
kommt und seht
was da auf dem
Waldweg steht.

Ein kleines Häschen!

Es schnuppert,
hebt ein Pfötchen,
macht sogar Männchen
und – auf ein Rascheln -
schießt es,
schnell wie der Blitz,
ab in die Büsche.

VOR DEM SCHLAFENGEHEN

Die Sternlein stehen still
Der Mond scheint still
Englein steigen still
herab

Schlafe also still
mein Kind

und träume
und hoffe
und wünsche

seligen Frieden

den Menschen
den Tieren
den Blumen
und allem was du
lieben kannst
auf dieser schönen Erde.

UNSERE HÄNDE

Beim Hunde
sinds Pfoten.
Beim Bären
sinds Pranken.
Beim Pferde
sinds Hufe.
Bei Katzen
sinds Tatzen.

Nur Menschenkinder
haben Hände.

DIE LIEBE WÄCHST

Die Liebe wächst,
gleich einem
nimmerendenden
Sproß,
stets
himmelwärts.

ERZENGEL MICHAEL

Michaels Flammenschwert
Michaels Flammenharnisch
Michaels Flammendes Ich

halten stand
sind licht
bringen Licht

der Weltenfinsternis.

DER STEIN

Er wird nicht geweckt
eines jeden Morgens.
Er hat weder Hunger,
noch hat er Durst.

Er braucht keine Ruhe,
auch braucht er nicht Schlaf
und wird er gestoßen,
so lässt ihn dies kalt,
denn er braucht nichts weiter
als Stein zu sein.

Er ist, was er ist
und für ihn ist Leben -
was ihm nie gegeben.

Und wird er zu Staub,
so ist ihm dies wohl auch
völlig gleich.

AUS EINEM TAL

Aus einem Tal
gibt es immer
einen Weg
hinauf in das lichte,
hohe Gebirge.
Mögen auch Tränen
rinnen,
Schutzengel steigen bald,
schnell herab
und trocknen diese mit
goldenem Balsam
aus hellem,
stahlendem Licht.

Der Bach

Es rauscht
und rinnt
ein Bach
zunächst
nur seicht
und flach
doch als
die hohen
Klippen
ragen
muß auch
der Bach
den Sturz
ertragen.

DUNKLER RHEIN

Dunkler Rhein
dein garstiger Schein
macht mich grausen

der Umwelt Not
der Fischlein Tod -

menschlicher Sod
verschob schnell
das einst so
vollkommene Lot.

Der Weg hindurch ...

Wir kannten
uns schon
in der Übezeit,
da wir noch
Stein, Flechte, Fisch
und Vogel waren....

Bevor uns die
erhabenen
Schöpferwesenheiten
wachküßten
zu hehren
Menschheitszielen.

OSTERN

Es jubiliert und feiert
Mensch und Natur!
Siegreich überwand
der Christus den Tod.
Sein richtender Segen findet
Aufnahme in den Weltengründen,
in des Planeten weiter Flur.
Der Erde als Mittelpunkt
kosmischer Opfergänge
wird ein stetiger Aufstieg folgen:
die Auferstehung von
Mensch und Natur!

Weihnachten

In der Einsamkeit der zwölf heiligen
Nächte erleben wir Abschied und
Neubeginn.
Inne halten, stille werden, angesichts
zagender Sehnsucht und zartem Heimweh,
endgültig auszubrechen
aus Kaufrausch und Schlaraffia,
der große Grund und Alles
liegt nur in dem einen Kinde,
das zu aller Erdenheile
uns aufs neue – jedes Jahr -
ins Herz hinein
geboren wird.

WETTERWENDE

Oh, was stürmt des Himmels Wüten wild,
aber, lächelt nicht zugleich die Sonne,
auch wohl ein Haufen Sterne,
dabei doch noch ganz mild?
Wann hatte aber ein Sturm je eine solche Macht?
Mich hat die Wut des Wetters,
das Stürmen des Windes, jäh aufgebracht!
Ist diese Welt nun endlich verloren?
Hat unser allmächtiger Vater-Gott
nun neue Welten als die seinen erkoren?
Bevor ich dies erwägen kann, steht ganz verloren,
Hille, der Sturmriese, der wilde: plötzlich stille. -
Es kehrt Ruhe ein am Horizont.
Gott der Herr, hatte ein Erbarmen!
Und der Riese kehrt um, urplötzlich ganz leise, bald flüsternd
bald wispernd, - nur noch Wolken treibend
so dann und wann...

DER TROLL

Ein wahrhaft
seltsam Wesen ist
der Troll.
Zieht bunte Kleider
an und aus
und treibt es toll.
Spielt Schabernack
so hier und da,
ist endlich aber -
mit niederen Sinnen
ernsthaft
nicht zu fassen.

Ein Weihnachtsmärchen

Der unglückliche Engel

Einmal hatte sich ein Engel verspätet, er hatte die Bahn auf dem goldenen Regenbogen verpasst. Nun musste er auf der Erde bleiben. Er hätte es ja auch in der Not mit seinen Flügeln versuchen können, aber es ging nicht. Denn sein rechter Flügel war durch einen Sturz auf dem Eis, den er erlitten hatte, beschädigt worden. Da stapfte er nun durch den tiefen kalten Schnee. Ihm war recht jämmerlich zu Mute, besonders, da es schon dunkel war. Was sollte er bloß anfangen? Er wusste nur, dass er in diesem kleinen Ort schon einmal war. Da fiel ihm ein, dass hier ein ganz besonders braves Kind wohnte. Aber, oh Gott, es wohnte weit draußen in einer armseligen Hütte am Waldesrand.
Plötzlich hatte der Engel wieder Mut bekommen. Er wusste, dass die Mutter des Kindes noch nie einen Fremden abgewiesen hatte. Mit klopfendem Herzen kam er vor der Hütte an. Bald saß er in der mollig warmen Stube und aß mit ihnen das wenige Abendbrot und trank einen Schluck Wein. Den besten Schlafplatz bekam er, den man in der Hütte hatte.-
Für die armen Leute war es eine hohe Ehre einen Engel zu bewirten. Am nächsten Morgen durfte sich die Familie etwas wünschen. Sie wünschte sich ein schönes neues Haus.-
Es war der erste Weihnachtstag. Das Kind bekam eine kleine Tanne und einen Sack voll süßer Sachen.

Am ersten Sonnenstrahl, der zur Erde kam, hatte sich der Engel festgehalten und schon war er daran hochgeklettert. Als er am Himmelstor anlangte, und Petrus um Einlass bat, ging der Wunsch der armen Leute in Erfüllung. Dann wurde er im Himmel mit großem Jubel und einem Festtagskuchen empfangen.

Autobiographische Notiz:

Michael Heinen-Anders, geb. am 25.02.1960, zwei Töchter,
Erstausbildung als kaufmännischer Angestellter/Buchhändler.
Dann 1982 Studium der Wirtschafts- und Sozialwissenschaften,
Abschluss: Diplom-Ökonom (Bergische Uni Wuppertal) 1988.
Ehemals Mitherausgeber der Kölner Literaturzeitung
HANDZEICHEN – Zeitung für unveröffentlichte Texte (1978 –
1982).
Tätigkeiten in Sozialwesen, Wirtschaftsförderung und Verwaltung.

Seit 1994 Mitglied der Anthroposophischen Gesellschaft – Rudolf-
Steiner-Zweig Köln.